LES PETITS SOULIERS,

OU

LA PRISON DE SAINT-CRÉPIN,

VAUDEVILLE EN UN ACTE.

PAR MM. AD. DENNERY ET EUGÈNE GRANGER.

REPRÉSENTÉ POUR LA PREMIÈRE FOIS A PARIS, SUR LE THÉATRE DU PANTHÉON, LE 2 DÉCEMBRE 1836.

Posez donc cette corbeille, vous avez l'air d'un âne avec ses paniers. (SCÈNE II.)

PARIS,

NOBIS, ÉDITEUR, RUE DU CAIRE, N° 5.

—

1836.

Personnages.	Acteurs.
PATROT.	MM. SÉGOND.
JULIEN.	LIONNEL.
LOUISE.	Mmes DESPRÉAUX.
GERVAISE.	HERFORT.

La scène se passe dans un village de Normandie

J.-R. MEVREL, Passage du Caire, 54.

LES PETITS SOULIERS,

VAUDEVILLE EN UN ACTE.

Le théâtre représente l'intérieur d'une ferme,

SCÈNE I.

GERVAISE, puis LOUISE.

GERVAISE.

Ouf! reprenons haleine... voilà la toilette de Louise à peu près terminée, j'ai cru que ça n'en finirait jamais... « Ma cousine, ce cordon n'est pas as- » sez serré... ma cousine, mon fichu ne va pas bien... » Puis c'était une épingle par ci... une épingle par là... Je l'aurais piquée de bon cœur... ce n'est pas que je sois jalouse, mais j'étouffais; c'est si dur à mon âge de faire une toilette de mariée, quand cette toilette n'est pas pour soi... Enfin, m'en voilà débarrassée, ça n'est pas malheureux.

LOUISE, en dedans.

Gervaise! Gervaise!

GERVAISE.

Allons, qu'est-ce qu'elle veut encore?

LOUISE, de même.

Gervaise! mais viens donc?

GERVAISE.

Plus souvent que je vas me déranger... elle peut bien appeler pendant trois heures; je ne bouge plus, d'abord...

LOUISE, entrant.

Eh bien! cousine est-ce que tu ne m'entends pas...

GERVAISE.

Si fait, si fait, mais je rangeais quelque chose ici...

LOUISE.

Oh! c'est que je suis d'une impatience...

GERVAISE,

Je le conçois, quand on va épouser celui qu'on aime.

LOUISE.

Ce cher Julien, je ne veux pas qu'il me trouve en retard... tiens! attache-moi ce bouquet.

GERVAISE.

Comment, ce n'est pas encore fini.

LOUISE.

Allons, dépêche-toi donc; en vérité, Gervaise, tu es aujourd'hui d'une lenteur...

GERVAISE.

Ah! c'est que je ne me marie pas, moi!

LOUISE.

Comme tu me dis cela, est-ce que mon bonheur te fais de la peine...

GERVAISE.

De la peine, allons donc...

LOUISE.

Dam! nous devions faire les deux noces ensemble... nous marier le même jour, toi avec Jean Patrot, le cordonnier, et moi avec Julien... ce n'est pas ma faute si tu as changé d'idée... si tu as voulu retarder ton mariage.

GERVAISE.

Sans doute... ce Jean Patrot... ah! je ne suis pas pressée, moi.

LOUISE.

Moi, c'est différent... je sens que ça presse... Julien et moi nous nous aimons tant. (Jetant un cri,) Aie! aie! aie!

GERVAISE.

Eh bien! qu'as-tu donc?

LOUISE.

Pardine! tu viens de me piquer...

GERVAISE.

Bah! bah! un jour de noce, est-ce qu'on fait attention à ces choses-là... Il faut souffrir pour être belle...

LOUISE.

Ça n'est pas une raison pour m'enfoncer des épingles comme dans une grimace... as-tu fini?

GERVAISE.

Oui, voilà qui est fait...

LOUISE.

Merci, cousine... ah! à propos... je savais bien que j'avais quelque chose à te demander...

LOUISE.

AIR : Le beau Lycas, etc.

Tu m'as prêté, pour me fair' belle,
Un' ceintur' blanche et ta croix d'or;
J'ai pris ton fichu de dentelle...

GERVAISE.

Est-ce que ce n'est pas tout encor?

LOUISE,

On est si méchant dans l' village
On vous r'garde, on vous dévisage,
Et pour être au complet, j' soutiens
Qu'y m' manque encore queququ'chose...

GERVAIS.

Eh bien?

LOUISE.

Dam, le jour de mon mariage,
Je veux qu'il ne me manque rien.

GERVAISE.

Enfin, que te manque-t-il donc? tu sais, cousine, que nous avons la même taille, à preuve que tes robes m'habillent comme si on les avait faites pour moi... ensuite...

LOUISE.

Nous avons aussi le même pied, tes souliers me vont comme un gant! et comme je ne peux pas me marier en sabots...

GERVAISE.

Là, tu n'as pas pensé à en commander!

LOUISE.

Que veux-tu, je songeais à tant d'autres choses, les souliers me sont sortis de la tête.

GERVAISE.

Et M. Julien, est-ce qu'il n'aurait pas dû songer à ça; mais ces hommes, un jour de mariage, ça ne pense qu'à la fleur-d'orange!

LOUISE.

Enfin, le mal n'est pas grand, tu es si complaisante, quand tu veux, tu vas m'en prêter.

GERVAISE.

T'en prêter, c'est bientôt dit; mais je n'ai que des souliers de peau noire.

LOUISE.

Ah! que c'est désagréable! des souliers de peau noire avec une robe blanche, on a l'air d'une blanchisseuse; enfin, c'est égal, ça vaut encore mieux que des sabots.

GERVAISE.

Ils sont à ton service; mais, je t'en préviens, ils t'iront mal; ils ont été faits par ce maladroit de Patrot, et c'est tout dire...

SCÈNE II.

LES MÊMES, PATROT, avec une corbeille de mariage.

PATROT.

Présent! qu'est-ce qui a demandé Patrot?

GERVAISE.

Ah! c'est vous...

PATROT.

Moi-même, de la tête aux pieds... brossé, ciré, habillé à neuf, avec la corbeille ci-jointe.

AIR : Dans ma chaumière

Cette corbeille (BIS.)
Est un hommage de son cœur;

Mais la rose la plus vermeille
N'est pas, sur ma foi d'homm' d'honneur,
Dans la corbeille. BIS.

LOUISE.

Ah! qu'elle est jolie!

PATROT.

Elle a son charme; mais c'est colifichet. Julien n'a pas voulu m'écouter.

LOUISE.

Comment!

PATROT.

Sans doute, je lui avais dit: quand on se met en ménage, règle générale, faut pas donner dans les FANFRELUCHES, faut penser à l'utile; mets-moi là-dedans des bons souliers. seulement. varie les espèces; souliers en nankin, souliers en maroquin, souliers en peau de chèvre; un assortiment complet, quoi!

GERVAISE.

Beau cadeau pour une jeune mariée, et si c'est comme ça que vous voulez vous comporter...

PATROT.

Oh! moi. c'est différent, ma corbeille est là; d'abord douze aunes d'étoffe pour me faire des gilets et autres choses de flanelle, la santé de l'époux, c'est le plus beau cadeau à faire à l'épouse... ensuite...

GERVAISE.

C'est bon, c'est bon, vous n'en êtes pas encore là.

LOUISE.

Mais, où donc est Julien?

PATROT.

Julien est en train de s'adoniser; un jour de noces. faut parer son physique; soyez tranquille, il va nous arriver sur les ailes de l'amour et du désir.

GERVAISE.

Mais, posez donc cette corbeille, vous avez l'air d'un âne avec ses paniers.

PATROT.

Remarque spirituelle et pleine de sens; oùs que je vas les poser?

GERVAISE.

Sur cette table.

PATROT.

Elle est remplie d'instinct! pendant que la petite s'extasiera devant ses cadeaux, je pourrai causer avec vous.

GERVAISE.

Vous avez quelque chose à m'apprendre?

PATROT.

Oui, toujours la même chose, je ne suis pas versatile et caméléonien.

GERVAISE.

J' gage que vous allez me parler de notre mariage.

PATROT.

Aussi, pourquoi que vous lambinez, que vous traînassez; le mariage, c'est comme une médecine, faut l'avaler tout d'un coup!

GERVAISE.

Bah! bah! nous avons le temps.

PATROT.

Toujours même réponse; mais, je serai votre appui, votre soutien; réfléchissez, Gervaise; une femme sans mari, c'est comme un soulier sans contre-fort.

LOUISE, regardant.

Oh! que de choses! que de choses!

PATROT.

Oui, trop de choses, et pas assez de souliers.

LOUISE.

Des étoffes, des rubans, des gants. un nécessaire en maroquin rouge.

PATROT.

Du si beau maroquin, qu'on en aurait fait des souliers charmans!

LOUISE.

Est-il joli!

PATROT.

Un nécessaire. c'est du superflu.

LOUISE.

Que vois-je! des souliers!

GERVAISE.

Des souliers!

LOUISE.

De satin blanc.

PATROT.

De pur satin blanc, c'est la seule paire que j'ai pu lui insinuer.

LOUISE.

Oh! que c'est délicat! que c'est aimable! je suis d'une joie... moi qui justement n'ai pas de souliers blancs.

AIR : Vaudeville de l'Apothicaire.

Est-il un cadeau plus galant!
Avec ça que j' vais êtr' bien mise,
Le gentil petit satin blanc!
En vérité, je suis surprise
Qu'on ait pu les faire à mon pié.

PATROT.

D'abord, mamzell' je n' suis pas bête,
Et puis Julien, comme marié,
Avait votre pied dans la tête.
Comme amoureux et comme marié,
Il avait vot' pied dans la tête.

LOUISE, à Gervaise.

Vois donc comme ils sont mignons.

PATROT.

Un peu, qu'ils le sont, c'est moi qui les a inventés.

GERVAISE.

Comment! inventés, il y a beau jour qu'on en porte.

PATROT.

Qu'on en porte d'autres, possible; mais ceux-ci sont de mon invention.

GERVAISE.

Que ne demandez-vous un brevet.

PATROT.

J'en ai eu l'idée; mais faudrait se courber, faudrait s'aplatir, et j'ai la fierté du vrai talent; le vrai talent haricotte, et ne s'abaisse pas; voilà mon opinion politique!

LOUISE.

Voici Julien! voici Julien!

SCÈNE III.

LES MÊMES, JULIEN.

PATROT.

Le marié! salut, marié!

JULIEN et LOUISE, ensemble.

Air :

Quel plaisir! (bis.)
Ce jour enfin va nous unir.
Quel plaisir! (bis.)
Pour nous quel heureux avenir.
Louise, te voilà,
Avec ce bouquet-là,
Encor plus fraiche, sur mon ame!
Je vais donc, aujourd'hui,
M'appeler ton mari.

LOUISE, avec importance.

Et je vais m'appeler madame!

LOUISE et JULIEN.

Quel plaisir! etc.

PATROT et GERVAISE.

ENSEMBLE.

Quel plaisir! (bis.)
Ce jour enfin va les unir.
Quel plaisir! (bis.)
Pour eux quel heureux avenir.

JULIEN.

Bonjour. Patrot, bonjour, Gervaise.

GERVAISE.

Bonjour, monsieur Julien.

JULIEN.

Monsieur Julien! quel ton cérémonieux... dans une heure ne serais-je pas votre frère.

GERVAISE.

M. Julien, croyez que je prends sincèrement part à votre bonheur... et que je forme des vœux...

JULIEN.

Merci, merci, Gervaise; quant à moi, je suis ce matin d'une gaîté... je chante, je ris, j'ai l'air d'un fou.

LOUISE.

Ce cher Julien.

PATROT, à Gervaise.

Et dire que si vous vouliez, je roucoulerais aussi...

GERVAISE.

Ça n'est pas pressé!..

PATROT.

Ça n'est pas pressé, excusez! en attendant, la voix se rouille.

LOUISE.

A propos, Julien, il faut que je vous gronde...

JULIEN.

Me gronder, moi!..

LOUISE.

Oui, vous faites des dépenses, des folies... cette corbeille...

JULIEN.

Ne parlons pas de ça, je ne pouvais mieux placer mes économies, et si elle t'a fait plaisir...

LOUISE.

Peux-tu en douter... (A Gervaise.) N'est-ce pas qu'elle est de bien bon goût?

PATROT.

Oui, tout est charmant!.. tout de fond en comble!.. seulement toujours pas assez de souliers.

JULIEN.

Mais il faut que je m'absente encore un instant...

LOUISE.

Déjà!..

JULIEN.

Oui, j'ai encore quelques préparatifs à faire, dans un quart-d'heure je reviens pour ne plus te quitter...

LOUISE.

Pendant ce temps-là, je vais terminer ma toilette, et mettre tes souliers.

JULIEN.

C'est ça... Patrot, tu vas venir avec moi...

PATROT.

J'te suis... (Bas.) Nous boirons bouteille en route, un jour de noce, faut s'étourdir... (Haut.) A revoir, ma future... Passe devant, marié.

JULIEN.

Au revoir, ma Louise!..

AIR : Désormais plus d'absence.

Déjà je me retire,
Il le faut,
Trop heureux de te dire,
A bientôt!
Ce n'est qu'en ta présence
Qu'il est du bonheur pour moi...

LOUISE.

Pendant ton absence,
Je ne penserai qu'à toi!..

PATROT, à Gervaise.

Vous pouviez, plus ingambe,
Faire une paire d'heureux,
C' mariage n'a qu'un' jambe,
Vous l'avez rendu boiteux.

ENSEMBLE.

PATROT.

Déjà je me retire,
Il le faut,
Quand me fera-t-on dire
A bientôt.

LOUISE et GERVAISE.

Gaîment on se retire,
S'il le faut,
Lorsqu'on peut se dire
A bientôt.

(Il embrasse Louise et sort avec Patrot.)

SCÈNE IV.

GERVAISE, LOUISE.

LOUISE.

Maintenant, essayons mes petits souliers.

GERVAISE.

J'ai bien peur que tu ne puisses pas les mettre.

LOUISE.

Pourquoi donc.

GERVAISE.

Dam, ils m'ont l'air bien petits.

LOUISE.

Du tout, du tout... (Elle s'assied.) Je parierais, au contraire, qu'ils sont trop grands... as-tu là une corne...

GERVAISE.

Pourquoi faire, puisqu'ils sont trop grands.

LOUISE, essayant les souliers,

C'est juste, je m'en passerai. (Elle en met un avec peine et frappe du pied.)

GERVAISE.

Eh! est-ce qu'ils n'entrent pas?..

LOUISE.

Tu vois bien que si... mais le satin, ça prête si peu, et puis des souliers neufs... n'importe, ça ira; à l'autre, maintenant... (Elle le met.) Le pied droit est toujours un peu plus fort, et puis je ne sais pas, il me semble que j'ai les pieds un peu enflés, ce matin.

GERVAISE.

Ne vas pas te gêner, mes souliers noirs sont toujours à ta disposition.

LOUISE.

Merci, v'là que ça y est... (Elle se lève et marche avec difficulté.) je savais bien qu'ils étaient trop larges.

GERVAISE.

On dirait que tu boite?..

LOUISE.

Je boite, moi!.. par exemple, ça te plait à dire, je danse là-dedans... tiens, tiens, vois plutôt... (Elle fait un entrechat et retombe en jetant un cri.)

GERVAISE.

En effet, je vois que tu danses dans tes souliers... (A part.) Elle souffre le martyre! (Elle sort.)

SCÈNE V.

LOUISE, seule.

Je n'ai pas voulu en convenir devant Gervaise, mais ils me font fièrement mal... enfin c'est égal, il faut les garder, vaut encore mieux souffrir un peu que d'être mal chaussée... voyons donc, en marchant, je les avachirai... mais v'là le diable!.. ils sont trop courts.

AIR : Mire dans mes yeux, tes yeux

Oui, je l'avoûrai tout bas,
Ce soulier me presse.
Oui, je l'avoûrai tout bas,
Je n' puis faire un pas.
Hélas! ce satin me blesse,
Hélas! je n'puis faire un pas,

Il faut que je le confesse,
C'Patrot est un fier clampin.
J' suis, grace à sa maladresse,
Dans la prison de Saint-Crépin.

Oui, je l'avoûrai, etc.

Vraiment, je suis au supplice.
Je souffre que c'est pitié ;
Mais si j'en f'sais l' sacrifice,
On me croirait un grand pied ;
Et ça s'rait un autre supplice,
De paraître avoir grand pied !

(Parlé.) D'ailleurs, si je les ôtais, Gervaise serait trop contente, et puis Julien à qui j'ai promis de m'en parer... décidément je m'immole, mais c'est égal...

Oui, je l'avoûrai tout bas,
Ce soulier me presse ;
Oui, je l'avoûrai tout bas,
Je n'puis faire un pas.
Hélas !
Ce satin me blesse.
Hélas !
Je n'puis faire un pas !..

En vérité, le cœur me manque. (Elle frappe du pied avec colère.) Dieu de Dieu! que c'est bête de souffrir comme ça !.. (Elle se laisse tomber sur une chaise.)

SCÈNE VI.

LOUISE, JULIEN.

JULIEN, à part.

La voilà... elle est seule... elle pense à moi, sans doute.

(Il s'avance doucement derrière elle et l'embrasse.)

LOUISE, jetant un cri de douleur.

Ah !.. (Voyant Julien et se levant.) Comment, c'est vous...

JULIEN.

Oui, je me suis pressé, j'ai couru, et j'arrive... mais qu'as-tu donc, Louise ?

LOUISE.

Moi, je n'ai rien, mais vous m'avez fait peur.

JULIEN.

Peur !..

LOUISE.

On ne surprend pas ainsi les gens... venir comme ça par derrière, en sournois... on croit que monsieur est bien loin, il est là, à vous espionner.

JULIEN.

Monsieur !.. à vous espionner !.. Vous avez de l'humeur à ce qu'il paraît.

LOUISE.

C'est qu'aussi il n'y a rien de si bête que de vous embrasser sans dire gare... oh ! c'est bien bête !.. (A part.) Dieu que je souffre.

JULIEN.

En vérité, Louise, vous avez quelquefois des expressions...

LOUISE.

Elles fâchent monsieur... c'est bien dommage...

JULIEN.

Mais c'est vous qui vous fâchez, au contraire.

LOUISE.

A vous entendre, on croirait que je suis acariâtre, insupportable, difficile à vivre...

JULIEN.

Je ne dis pas cela... mais aussi vous me recevez d'une manière...

Air d'Yelva.

Qu'ai-je donc fait, et qu'est-ce qui m'attire
Un accueil aussi peu flatteur?
Suis-je coupable ! oh ! daigne me le dire,
Apprends-le-moi, pour rassurer mon cœur.
Si c'est l'baiser que j'ai su prendre,
Pour te prouver mon repentir,
Louise, je suis prêt à rendre
Ce que je viens de te ravir

LOUISE.

Du tout, du tout, monsieur !..

JULIEN.

Moi, qui accourais si content, si joyeux !..

LOUISE.

Il parrait que vous avez laissé votre bonne humeur à la porte, car vous me faites une mine...

JULIEN.

Vous verrez que c'est moi qui ai tort... Eh bien! si vous le voulez, si vous y tenez absolument, oui, j'ai l'air maussade... j'aurai tous les airs qu'il vous plaira.

LOUISE.

Ah! vous l'avouez donc enfin... et peut-on savoir ce qui a mis monsieur de mauvaise humeur?

JULIEN.

Comment! ça n'est pas encore terminé...

LOUISE.

Je vous ennuie...

JULIEN.

Non, mais...

LOUISE.

Voilà un mais, bien poli... j'ennuie monsieur!.. (A part.) Oh! les maudits souliers!..

JULIEN.

Louise, au nom du ciel! écoute-moi!.. voyons, dis-moi ce qui te fâche...

LOUISE.

Encore!..

JULIEN.

Il y a un motif que je ne connais pas, que je ne puis deviner, mais certes, tu n'es pas comme d'habitude, ta figure même...

LOUISE.

Eh bien!..

JULIEN.

On dirait que tu souffre, que...

LOUISE.

Mais du tout, du tout, monsieur, je ne souffre pas, au contraire...

JULIEN.

Tiens! et maintenant, tu me dis cela d'un air...il me semble que je vois une larme dans tes yeux?

LOUISE.

Oh! quel entêtement!.. eh bien! oui, oui, une larme, de dépit, de colère, contre vous, qui vous plaisez à me tourmenter.

JULIEN.

Moi... mais, Louise.

LOUISE.

Oh! laissez-moi, laissez-moi... (Elle s'assied et lui tourne le dos.)

JULIEN, avec colère.

Soit; je me trompais, tout ceci n'est qu'un caprice...

LOUISE.

Un caprice!.. par exemple, voilà un mot que je ne puis pas endurer de sang-froid... (Elle se lève avec colère.) Monsieur!.. (Poussant un cri.) Aie!.. monsieur, vous êtes un grossier

JULIEN.

Des injures!.. eh bien! c'est très gracieux pour le jour de son mariage.

LOUISE.

Oh! ce mariage n'est pas encore fait... heureusement...

JULIEN.

Que dites-vous?..

LOUISE.

Je dis... je dis... que je veux que mon mari soit aimable, complaisant, honnête... et Dieu merci...

JULIEN.

Eh bien! achevez.

LOUISE.

Dieu merci, je n'irai pas loin pour trouver mieux que vous. (A part.) Ah! Sortons, sortons, car je n'en puis plus. (Elle sort.)

SCÈNE VII.

JULIEN, puis PATROT.

JULIEN, seul.

Qui se serait jamais attendu à pareille chose, moi qui lui croyais un si bon caractère, se fâcher parce que je l'embrasse... par exemple, si elle croit que je reviendrai, elle se trompe.

PATROT, entrant.

Eh bien! tout est-il prêt, partons-nous...

JULIEN.

Partir? où veux-tu donc aller...

PATROT.

C'te bêtise! eh bien! à la mairie...

JULIEN.

A la mairie!

PATROT.

Sans doute, et ensuite à l'auberge du Faisan-d'Or; le maire est écharpé et les canards impitoyablement égorgés; on n'attend plus que nous.

JULIEN.

On a tort d'attendre, car je n'irai pas.

PATROT.

Comment...

JULIEN.

Plus de noce, plus de fête, plus de repas.

PATROT.

Plus de repas? qu'est-ce que tu dis donc?

JULIEN.

Je viens d'avoir avec Louise, une scène terrible.

PATROT.

Une querelle!.. ah bah! vous êtes Français, l'affaire peut s'arranger.

Air : On dit que je suis sans malice.

Tu te r' mettras avec ta belle.

JULIEN.

Après une telle querelle,
Je ne conserve pas d'espoir
De parvenir à la revoir.

PATROT.

J' l'offrirais ben mon patronage
Mais, si j' fais un raccommodage,
Je f' rais peut-êtr' moins aisément
Mon cher, un raccommodement.

JULIEN.

Un raccommodement... rupture complète...

PATROT.

Rupture complète... ça me rompt bras et jambes.

JULIEN.

Dans tous les cas, je ne ferai pas la première démarche.

PATROT.

Approuvé... avec les femmes, faut du caractère.

JULIEN.

Me chercher une querelle d'Allemand! je suis d'une colère...

PATROT.

T'as tort... faut du sang-froid; après tout, qu'est-ce que tu perds; un bon repas, c'est vrai; encore nous pouvons toujours l'avaler à nous deux.

JULIEN.

Je m'embarrasse bien de cela.

PATROT.

Dans le fait, ça n'est pas embarrassant.

JULIEN.

Ce qui me vexe, c'est cette rupture... juste au dernier moment; qu'est ce qu'on va penser dans le village...

PATROT.

On pensera ce que ça voudra; d'ailleurs, tu te seras bientôt rassorti, je suis cordonnier, je te trouverai chaussure à ton pied... tiens, justement, y a Marie Robichon qu'est disponible... si tu veux je lui parlerai...

JULIEN.

C'est inutile...

PATROT.

T'en as le droit. Liberté! libertas!

JULIEN.

Mais, dans tous les cas, je ne remettrai pas les pieds ici.

Air : Allons, de la philosophie.

Je veux montrer du caractère,
Oui, je saurai me contenir,
Par la froideur et non par la colère
Je prétends ici la punir,
Un pareil caprice...

PATROT.

Est infâme.
Mais song' qu'un repas nous attend ;
On peut bien bouder une femme,
Son estomac c'est différent.

ENSEMBLE.

JULIEN.

Je veux montrer du caractère,
Oui, je saurai me contenir,
Par la froideur et non par la colère,
Je prétends la punir.

PATROT.

Il faut montrer du caractère,
Oui, tâche de te contenir,
Par la froideur et non par la colère,
Mon cher, tu sauras la punir.

Adieu, Patrot.

PATROT.

A revoir, ex-marié.

JULIEN, à part.

J'en mourrai peut-être, mais je ne reviendrai pas. (Il sort.)

SCÈNE VIII.

PATROT, GERVAISE.

PATROT.

Tiens! tiens! tiens!..

GERVAISE.

Est-ce que Julien n'était pas avec vous.

PATROT.

Si fait... il sort d'ici... Brouillés...

GERVAISE.

Brouillés... qui donc?

PATROT.

Nos amoureux, Julien et Louise...

GERVAISE.

Comment, ils sont brouillés?..

PATROT.

A la vie à la mort... c'est une passion exterminée...

GERVAISE.

Mais êtes-vous bien sûr...

PATROT,

Sûr comme de la limonade, adorable amie.

GERVAISE.

De qui le tenez-vous?

PATROT.

De la bouche en personne de Julien.

GERVAISE.

Je n'en reviens pas.

PATROT.

Cet étonnement vous honore, Gervaise...Dieu de Dieu! ça n'est pas vous qui changeriez comme ça... ni moi non plus, notre amour à nous, c'est un amour à double-couture.

GERVAISE, réfléchissant.

Brouillés! c'est incroyable...

PATROT.

C'est incroyable, je le crois...

GERVAISE.

Après tout, vous en dites peut-être plus qu'il y en a... ce n'est probablement qu'un nuage, il passera.

PATROT.

Il crevera plutôt ; d'abord, Julien est bien décidé à ne pas revenir.

GERVAISE.

Vraiment...

PATROT.

J'en jeterais ma main au feu. (Julien paraît au fond.)

GERVAISE.

Voyez donc comme il ne reviendra pas, le voilà; pauvre garçon comme il a l'air affligé.

PATROT.

Il a l'air d'une sainte-Madeleine ou d'un saule pleureur.

GERVAISE.

Laissez-moi, je vais tâcher de le consoler un peu.

PATROT.

Si nous le consolions ensemble.

GERVAISE.

Du tout, une femme s'entend mieux à ces choses-là... Allons, je vous dis de vous en aller.

PATROT.

Ne vous fâchez pas, on s'en va; ramadouez-le tout à votre aise. (A Julien.) Laisse-toi ramadouer, bah! (Il sort.)

SCÈNE IX.

GERVAISE, JULIEN.

GERVAISE, à part.

Ce pauvre Julien, il me fait vraiment de la peine. (Haut.) Eh bien! vous ne dites rien; vous étiez peut-être venu pour faire votre paix avec Louise!

JULIEN.

La paix! ce n'est pas à moi de la demander; si j'avais tort, à la bonne heure.

GERVAISE.

Dam! je ne peux pas juger, je ne sais pas comment cette querelle est venue.

JULIEN.

Est-ce que je le sais plus que vous.

GERVAISE.

Comment!

JULIEN.

Sans doute... j'arrive tout joyeux, je trouve Louise en train de réfléchir, je l'embrasse... elle se fâche.

GERVAISE.

Parce que vous l'avez embrassée?

JULIEN.

Pour cela seulement... et là-dessus, elle se met à me dire des choses très dures.

GERVAISE.

Ah! dam! vous n'avez pas cru épouser l'agneau pascal; et puis, vous l'avez peut être brusquée.

JULIEN.

Moi! au contraire; j'ai fait tout ce que j'ai pu pour lui faire entendre raison; mais mademoiselle avait la tête montée.

GERVAISE.

C'est pas pour en dire du mal, mais elle est impérieuse, la cousine.

JULIEN.

Oh! ça, c'est vrai!

GERVAISE.

Elle aime à faire toutes ses volontés, elle a été élevée à ça; moi, c'est différent, quand j'étais petite fille, on me tapait sur les ongles... aussi maintenant.

JULIEN.

Oui, maintenant, vous êtes bonne... et si vous aviez un mari...

GERVAISE.

Oh! si j'avais un mari, ben gentil, bien aimable... et que j'aimerais bien, je ferais tout ce qu'il voudrait, d'abord.

JULIEN.

Quelle différence avec Louise!

GERVAISE.

J'aurais ben soin de lui, et au lieu de chercher à lui aigrir le caractère... eh ben! au contraire, je le calmerais.

JULIEN.

Voilà une femme! en voilà une... ainsi, Gervaise, vous convenez que tous les torts sont du côté de Louise.

GERVAISE.

Je ne dis pas tout-à-fait ça... Louise a du bon, au fond.

JULIEN.

Elle cherche encore à l'excuser! (Haut.) Mais voyez si elle montre le moindre regret... voyez si elle songe à revenir.

GERVAISE.

Ah! dam! elle est trop fière pour ça... moi, je sais bien qu'à sa place...

JULIEN.

A sa place...

GERVAISE.

Je vous aurais déjà demandé pardon; mais tous les caractères ne se ressemblent pas.

JULIEN.

Heureusement! je ne sais vraiment pas comment j'ai pu m'amouracher de cette petite Louise.

GERVAISE.

Allons, Julien, vous y mettez de l'aigreur.

JULIEN.

Non; seulement je commence à voir clair... Louise est emportée, coquette.

GERVAISE.

Oui, mais elle est jolie...

JULIEN.

Jolie, c'est vrai; mais après tout, il y en a d'autres qui la valent, qui valent mieux, même... et sans aller bien loin encore... sans aller bien loin... Gervaise...

GERVAISE, à part.

Comme il me regarde. (Haut.) C'est peut-être le dépit qui vous fait dire ça.

JULIEN.

Le dépit... ma foi, non; et tenez, Gervaise, si j'osais vous dire...

GERVAISE.

Quoi donc? (A part.) Nous y voilà...

JULIEN.

Oui, tout ce que je viens d'entendre... la comparaison que je fais de votre caractère doux, complaisant, avec le caractère capricieux, impérieux de Louise.

GERVAISE.

Eh bien! Julien...

JULIEN.

Eh bien! tout cela réuni fait que je vous aime, et que si vous voulez, je vous épouserai.

GERVAISE.

M'épouser... mais, y songez-vous, Julien... l'amitié que j'ai pour Louise...

JULIEN.

Louise m'a refusé... elle a rompu la première les liens qui allaient m'attacher à elle.

GERVAISE.

La première... en êtes-vous bien sûr...

JULIEN.

La première, la première... sans cela, est-ce que nous serions brouillés...

GERVAISE.

Dam, alors, vous êtes libre...

JULIEN.

Sans doute.

AIR : Tournez fuseaux. (DAME BLANCHE.)

A présent qu'ell' vous refuse,
Et qu'elle renonce à tout,
Ça peut vous servir d'excuse.
Pour devenir mon époux.

JULIEN.

Elle refuse ma tendresse,
A vous épouser je suis prêt.

GERVAISE.

Enfin, puisqu'elle vous délaisse,
Ça n'est plus un vol qu'on lui fait.

JULIEN.

Certainement; ainsi vous consentez.

GERVAISE.

Je ne dis pas non... mais laissez-moi le temps de réfléchir un peu.

JULIEN.

Oh! non, non, pas de réflexions... le maire, le curé nous attendent; le contrat est dressé, les noms sont en blanc... Eh bien! au lieu de Louise, on mettra Gervaise, la bonne, la douce Gervaise... voilà tout.

GERVAISE.

En vérité, vous y mettez une précipitation... une chaleur...

JULIEN.

Un mot! un mot... et je cours...

GERVAISE.

Eh ben!.. eh ben... puisque vous le voulez absolument... Oui!..

JULIEN, à part.

Je serai peut-être malheureux; mais n'importe, ça la fera enrager et je serai vengé... (Haut.) Au revoir, au revoir, ma chère Gervaise. (Il sort.)

SCÈNE X.

GERVAISE, LOUISE.

GERVAISE, seule.

Ah ça! est-ce un rêve?.. suis-je bien éveillée... je vais être la femme de Julien... c'est qu'il est un peu plus gentil que Patrot... et puis un clerc de notaire, ça tient un rang distingué dans le monde... Mais je bavarde, je bavarde, faut penser à m'habiller... j'ai le temps tout juste...

(Elle va pour sortir; Louise entre deshabillée et en sabots.)

LOUISE, entrant et à part.

Maintenant que j'ai ôté ces vilains souliers qui me fesaient tant de mal, il me semble que j'ai eu tort avec ce pauvre Julien... faut que je consulte Gervaise... (Haut.) Te voilà, cousine, j'ai un conseil à te demander...

GERVAISE.

A moi!..

LOUISE.

Tu sais sans doute que Julien et moi nous sommes brouillés.

GERVAISE.

Je sais ça, mais il paraît que son amour n'était pas bien violent.

LOUISE.

Comment?..

GERVAISE.

Sans doute, puisqu'une fois dégagé vis-à-vis de toi, il s'est hâté de faire un nouveau choix.

LOUISE.

Et ce choix, ce choix, quel est-il?..

GERVAISE.

Ma bonne cousine, je crains de t'affliger, mais tu ne l'aime plus, n'est-ce pas?

LOUISE.

Oh! non, non, je ne l'aime plus... mais enfin, qui donc a-t-il choisi?..

GERVAISE.

Tu comprends que sans cette assurance, je n'aurais jamais accepté.

LOUISE.

Accepté... ah!.. c'est... c'est toi qu'il épouse... au fait, puisqu'il devait changer, être infidèle... autant avec toi qu'avec une autre; et quand vous mariez-vous...

GERVAISE.

Mais aujourd'hui même...

LOUISE, à part.

Aujourd'hui... quelle idée. (Haut.) Mais tu n'as pas de toilette de mariée... eh bien! pour te prouver que je renonce sans regret à M. Julien, je te prêterai ma robe, mon bouquet, tout jusqu'aux souliers de satin blanc...

GERVAISE.

C'est bien gentil à toi...

LOUISE.

Tu les trouveras dans ma chambre ainsi que toute ma toilette... va t'habiller.

GERVAISE.

J'y cours... merci, cousine... (A part.) Elle a beau dire, elle enrage...

(Elle sort.)

SCÈNE XI.

LOUISE, seule.

Oui, oui, va mettre mes souliers, vas-y, vas-y, tu m'en diras de bonnes nouvelles.

AIR : Quel plaisir d'être marié (ESTHER.)

Oui, je m'applaudis de ma ruse,
Et mon projet réussira.
En secret déjà je m'amuse,
De la mine qu'elle fera.
Elle boitera,
Elle souffrira,
Et cela me vengera.
Ah ! tu me prends celui que j'aime,
Comm' s'il était facil' de s' marier ;
Eh ! bien, dans mon dépit extrême,
Pour la peine, je vais t'estropier.
Oui, je m'applaudis, etc.

Ah ! voilà ce pauvre Patrot... c'est lui qui va être désolé, quand il saura la nouvelle.

SCÈNE XII.

LOUISE. PATROT.

PATROT, entre en chantant.

Nos amours ont duré toute une semaine, etc.

LOUISE.

Vous voilà bien gai, m'sieur Patrot.

PATROT.

Oui, c'est une opinion comme ça... Où donc est Gervaise ?..

LOUISE.

Elle est dans ma chambre, en train de s'habiller.

PATROT.

Ah bah ! est-ce que ça serait renoué.

LOUISE.

Quoi donc ?..

PATROT.

Eh ! ben, la noce.

LOUISE.

Oui, en effet, la noce a lieu... mais ce n'est pas moi qui me marie.

PATROT.

Ah ! bah ! qu'est-ce qui se marie donc ?..

LOUISE.

Ça va bien vous; étonner c'est Gervaise.

PATROT.

Gervaise !.. ah ! bah !..

LOUISE.

Elle va épouser Julien.

PATROT.

Ah ! grand Dieu !.. que m'apprenez-vous là... c'est un cancan.

LOUISE.

Du tout, ça n'est que trop vrai.

PATROT.

Ah ! grand Dieu ! ah ! grand Dieu !.. je reste anéanti... soutenez-moi, ou je vas tomber.

LOUISE.

Allons, remettez-vous...

PATROT.

Avancez-moi une chaise... je sens mes genoux flageoller, c'est fini, je n'ai plus le moindre genou.

LOUISE.

Monsieur Patrot !..

PATROT.

N'y a pas de Patrot !.. ni de monsieur Patrot... la perfide... la girouette !

LOUISE.

Un peu de courage.

PATROT.

Du courage... oui, j'en aurai... donnez-moi le pot-à-l'eau...

LOUISE.

Le pot-à-l'eau...

PATROT.

J'ai soif !.. je lance des flammes... je suis comme une bête fauve... si j'avais là mon alène, je ferais un horrible massacre...

LOUISE.

O ciel! y pensez-vous!..

PATROT.

Moi qui, pour lui plaire, m'étais confectionné une paire de très jolis petits escarpins... ma position est des plus larmoyantes... je suis sûr que ce soir j'aurai un saignement de nez!..

LOUISE.

Cela n'est pas dangereux!

PATROT.

Une hémorragie... une paralysie foudroyante, un gros rhume!

LOUISE.

Faudra vous soigner...

PATROT.

Non, non, je ne me soignerai pas, je me laisserai dépérir... je viendrai mourir à sa porte comme un pauvre animal...tout ça pour le narguer, l'atroce créature!...

LOUISE.

Il est fou!

PATROT.

Ou plutôt, non, mourir! moyen usé... je ferai mieux, je me laverai les mains avec de la pâte d'amande ou du savon noir, je porterai un jabot, je porterai des manchettes, je mettrai des souliers de deux pouces trop court; et je me laisserai pousser de la moustache sous le menton...

Air du Matelot. (Mlle MARGUERITE.)

Des mirliflors je vais être le singe,
J'veux que l'on dise en m' voyant : quel seigneur!
Qu'il est bien mis! Dieu, qu'il a du beau linge!
Enfin, j' veux être un profond séducteur.
Ordinairement, quand une femme est perfide,
On dépérit, on est horrible à voir...
J' rajeunirai cet usage stupide;
Je serai beau par désespoir!
Beau de mon désespoir
Beau par mon désespoir!

LOUISE.

Mon Dieu! contenez-vous... voilà Julien.

PATROT.

Julien! odieux rival, ah! s'il n'était pas plus fort que moi... mais il est plus fort que moi, j'aurai pitié de sa faiblesse!

SCÈNE XIII.

LES MÊMES, JULIEN.

JULIEN.

Pardon, mademoiselle; ce n'est pas vous que je cherchais.

PATROT, à part.

Infâme Sainte-Mitouche!

LOUISE.

Je le sais, monsieur Julien; je sais aussi que vous allez épouser ma cousine.

JULIEN.

Oui, mademoiselle; ne m'avez-vous pas dit que j'étais libre...

LOUISE.

Aussi je ne me plains pas, je ne vous reproche rien... tout ce que je vous demande, c'est d'oublier ce qui s'est passé entre nous, et de vivre comme de bons amis.

JULIEN, à part.

Que dit-elle!.. quel changement!

PATROT, à part.

Cette villageoise est sublime! (Haut.) Vous êtes sublime, villageoise!

LOUISE.

Gervaise mérite votre amour, elle est bonne...

PATROT, à part.

Imprudente flatterie!

LOUISE.

Douce, complaisante, sensible surtout.

PATROT, à part.

Oui sensible comme un quarteron de clous...

LOUISE.

Elle vous rendra heureux, du moins je le crois, je le désire...

JULIEN, avec émotion.

Je le crois, comme vous, mademoiselle, je serai heureux, mais très heureux avec votre cousine...

PATROT, à part.

Va, va, chenapan; je ne te donnerai pas ma bénédiction toujours!

LOUISE.

La voilà! je vous laisse avec elle... adieu, mon ami... puissiez-vous être heureux.

PATROT, à part.

En avant la toilette écrasante, je veux noyer mon chagrin dans le luxe des habits.

LOUISE.

Air : Séduisante image (GUSTAVE III.

Quoiqu'une querelle,
Nous ait désunis,
Un' chaine nouvelle,
Peut nous rendre amis.

JULIEN, à part.

Plus je la considère,
Et moins j'ai de colère.

LOUISE.

Vous serez mon frère,
Et ce titre flatteur,
C'est encor du bonheur!

ENSEMBLE.

LOUISE.

Quoiqu'une querelle, etc.

JULIEN.

Quoiqu'une querelle,
Nous ait désunis;
J' sens qu'un' chain' nouvelle,
Peut nous rendre amis.

PATROT.

Quoiqu'aucun' querelle,
Nous ait désunis;
Null' chaine nouvelle,
N' peut nous rendre amis. (Ils sortent.

SCÈNE XIV.

JULIEN, GERVAISE.

JULIEN, d'abord seul, et les yeux fixés sur le chemin qu'a pris Louise.

C'est singulier, je me sens tout ému... Ah! si je n'avais pas promis à Gervaise...

GERVAISE, arrive en boitant; elle a le costume et les souliers de Louise, à part.

Les souliers de cette petite Louise me font un mal horrible... le v'là! n'ayons pas l'air de boiter devant lui; on croirait que j'ai le pied plus grand qu'elle.

JULIEN.

Vous n'avez pas mis beaucoup de temps à votre toilette.

GERVAISE.

Vous trouvez? il paraît que le temps ne vous semble pas long en mon absence...

JULIEN.

Ce n'est par cela que je veux dire.

GERVAISE, changeant de ton.

Au surplus, je conçois que les instans vous aient semblés courts... lorsqu'on est en compagnie... car, si je ne me trompe, Louise était avec vous.

JULIEN.

En effet, Louise et Patrot.

GERVAISE.

Et que vous a-t-elle dit...

JULIEN.

Mais, des choses qui m'ont [illegible]...

GERVAISE.

Ah! ah!..

JULIEN.

Je m'attendais à de la froideur, à des reproches... Eh bien! au contraire.

GERVAISE.

Au contraire...

JULIEN.

Air d'Arwed.

Par un retour vraiment des plus étranges,
Sa voix avait une aimable douceur...
Oh! c'était la bonté des anges!

GERVAISE, avec dépit.

De tels aveux, devant moi, c'est flatteur!
Vous devriez...

JULIEN.

Pourquoi cette querelle?
Ne puis-je donc, sans vous mettre en courroux,
Une fois admirer en elle,
Ce que toujours je veux aimer en vous?

GERVAISE.

La bonté des anges! l'expression est bien trouvée... (A part, et piétinant.) Dieu que ces souliers me font mal. (Haut.) Mais j'espère, monsieur, que c'est la dernière fois que vous aurez de semblables conversations avec Louise.

JULIEN.

Cependant, je ne puis pas éviter...

GERVAISE.

Il faudra tâcher pourtant... après ce qui s'est passé entre vous, je vous verrais ensemble avec répugnance... vous entendez, avec répugnance.

JULIEN.

Allons, ne vous emportez pas... je vous promets de faire en ce point votre volonté.

GERVAISE.

C'est fort heureux!

JULIEN.

Occupons-nous maintenant, de changer les noms sur le contrat.

(Il va s'asseoir à la table à l'extrémité du théâtre.)

GERVAISE.

Comment, ce n'est pas encore fait...à quoi pensez-vous donc?

JULIEN.

Mais je pensais à être plutôt de retour près de vous...

GERVAISE.

Près de moi, ou près de Louise.

JULIEN.

Ne parlons plus de cela, je vous en prie; voyons, Gervaise, venez donc à côté de moi.

GERVAISE, à part.

A peine si je puis marcher. (Elle fait quelque pas en boitant, et s'arrête.) Il me semble pourtant que c'est plutôt à vous de vous déranger.

JULIEN, avec humeur.

Je ne puis pas porter les meubles près de vous.

GERVAISE.

Soit! restez... prenez vos aise, mais je vous préviens que je n'irai pas plus loin.

JULIEN, avec douceur.

Gervaise!..

GERVAISE.

Vous avez beau prier... je ne ferai point un pas de plus, je ne le veux pas! (A part.) D'ailleurs je souffre trop pour ça.

JULIEN.

Quel ton!.. (Il se lève.) Vous aviez raison de me dire que Louise était d'humeur maussade; mais vous êtes bien sa cousine...

GERVAISE.

Des injures! songez, monsieur, que je suis bonne, complaisante.

JULIEN.

Je m'en aperçois

GERVAISE.

Je suis un mouton, pour la douceur... mais il ne faut pas qu'on en abuse qu'on me pousse à bout... ou sans cela...

JULIEN.

Quel joli petit caractère!

GERVAISE.

S'il ne vous convient pas, il n'y a rien de fait, rien de signé...

JULIEN.

Parbleu, mademoiselle, c'est comme il vous plaira.

GERVAISE.

Ah! vous me mettez le marché à la main.

Air : Ah! j'étouffe de colère. (PHILTRE.)

ENSEMBLE.

C'est affreux! abominable!
Cet accueil est fort aimable!
C'en est fait, plus d'hymen,
Je renonce à votre main.
Une semblable querelle,
Heureusement me révèle,
C' caractèr' plein d'aigreur
Qui ferait notre malheur.

SCENE XV.

LES MÊMES, LOUISE.

LOUISE.

Pourqui ce bruit, cette colère?
Quoi c'est vous qui vous chamaillez!
Avant d'aller chez monsieur l' maire...

GERVAISE.

Plus de maire et plus de mariés!..

JULIEN.

Je renonce à mademoiselle...

GERVAISE.

Je renonce à monsieur Julien...

LOUISE, à part.

Allons, grace à cette querelle,
J' crois que j' vais rentrer dans mon bien.

LOUISE.

L'ai-je bien entendu!.. est-il vrai que vous ne vous mariez plus?

JULIEN.

Non, parbleu!..

GERVAISE.

Non, certainement...

LOUISE, à Julien.

Alors, moi, si j'avouais mes torts, si je vous demandais pardon.

JULIEN.

Vous!..

LOUISE.

Ou plutôt si je vous prouvais que j'avais pour me mettre en colère un motif plus puissant que ma volonté... me pardonneriez-vous, Julien?..

JULIEN.

Sans doute... mais ce motif?..

LOUISE.

Tout à l'heure... je veux avant, savoir de Gervaise si notre mariage ne lui laisserait aucun regret...

GERVAISE.

Oh! par exemple, je le jure!..

LOUISE.

Et tu reprendrais ce pauvre Patrot, qui t'aime, et que ton infidélité a réduit au désespoir.

GERVAISE.

Patrot... non pas, non pas!.. c'est un imbécile...

SCÈNE XVI.

Les Mêmes, PATROT, entrant en boitant.

PATROT.

Un imbécile!.. bien obligé, il ne vous faut rien pour ça...

GERVAISE.

Laissez-moi tranquille...

LOUISE.

Mais vois donc son chagrin... vois donc ses larmes.

PATROT.

Oui, mes larmes... que font couler votre cruauté, et ces horrible souliers... qui me coupent les pieds en petits morceaux...

GERVAISE.

C'est inutile... je suis inflexible... rien ne saurait m'attendrir en sa faveur...

PATROT.

Cette femme rendrait des points aux rochers.

LOUISE.

J'ai pourtant un moyen à te proposer...

GERVAISE.

Un moyen... quel est-il?..

LOUISE, lui présentant une paire de sabots.

Le voici...

GERVAISE.

Que signifie?..

LOUISE.

Ote ces souliers qui te gêne, et tu redeviendras bonne fille; ce sont eux qui te rendent cruelle envers lui comme ils m'ont rendue colère et injuste envers Julien...

JULIEN.

Il se pourrait... c'est pour ça que tu m'as cherché querelle...

PATROT.

Oui, une querelle à propos de bottes... c'est à dire à propos de souliers... (A Gervais qui s'est déchaussée,) Eh ben, ça ne va pas mieux.

GERVAISE.

Oui!.. ah! ça soulage... Tiens, ce pauvre Patrot, comme il a l'air triste!..

PATROT.

Elle s'en aperçoit.

GERVAISE.

Allons, je vous rends mon cœur, et je vous épouse...

PATROT.

Accepté... ça me chausse... mais tenez, si vous m'en croyez, pour éviter d' nouvelles bisbilles, nous ferons la noce en sabots.

CHOEUR FINAL.

AIR : L'or est une chimère.

Chantons cet instant propère,
Et que tout soit oublié;
Le grand point est, sur la terre,
D' trouver chaussure à son pied.

AIR de Céline

PATROT.

Ne plaisantons pas; je vous jure,
Et j' m'y connais, j' suis cordonnier,
Que bien souvent de la chaussure,
Dépend le sort du monde entier.

LOUISE, l'arrêtant.

Messieurs, je tremble pour la pièce
On en voit tomber par milliers;
Et quoiqu'en sabots, je l' confesse,
Je suis dans mes petits souliers. (bis.)

Chantons cet instant prospère, etc.

FIN.

www.ingramcontent.com/pod-product-compliance
Lightning Source LLC
LaVergne TN
LVHW052032160826
845678LV00003B/1295